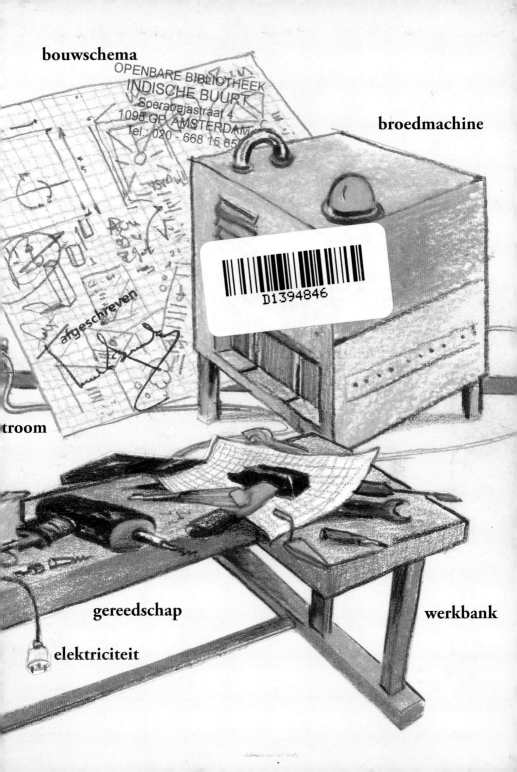

bouwschema

broedmachine

troom

gereedschap

elektriciteit

werkbank

D1394846

AVI:	M5
Leesmoeilijkheid:	woorden met 's ('s nachts, opa's)
Thema:	techniek

Zwijsen

Wouter Kersbergen
Techno Polly

met tekeningen van An Candaele

Bikkels

Naam: *Polly*
Ik woon met: *mama en papa*
Dit doe ik het liefst: *knutselen, frutselen*
Hier heb ik een hekel aan: *gluurders*
Later word ik: *ingenieur*
In de klas zit ik naast: *Marit*

1. Oud huis, nieuw huis

Ik sta in de woonkamer van opa's huis.
Ik kijk in de spiegel die aan de schoorsteen hangt.
Ik zie mezelf in een leeg huis.
Een huis zonder meubels en zonder mensen.
Op het behang achter me zie ik lichte vlekken.
Daar hingen oma's schilderijen.
En vlak ernaast hingen foto's van opa.
De klok op de schouw voor me tikt net als vroeger.
Het is een oude, goudkleurige klok.
Aan de zijkant van de klok glimlachen twee engeltjes
me toe.
Ik glimlach niet terug.
Ik steek mijn rechterhand uit en raak met
mijn wijsvinger een engel aan.
Dan galmt de klok door het huis.
Ik kijk naar mezelf in de spiegel: een traan
loopt over mijn wang.
Snel veeg ik hem weg, maar een zwarte streep
blijft zichtbaar van mijn neus tot aan mijn oor.
'Het is half vier en ik mis je, opa,' fluister ik.

Achter me in de spiegel verschijnt papa.
Hij legt zijn hand op mijn schouder en hij
knijpt erin.
'De verhuiswagen is er,' zegt hij.

'Kom je mee dozen dragen?'
Ik knik en slik.
Papa legt zijn armen om me heen,
zijn hoofd rust op mijn schouders.
Hij knipoogt naar me in de spiegel.
'Hé meisje,' zegt hij, 'gaat het een beetje?'
Ik steek mijn onderlip naar voren.
Ik hoor papa diep in- en uitademen.
'Het wordt fijn wonen hoor, hier in opa's
oude huis,' zegt hij.
Dan geeft hij me een zoen op mijn wang.
'Kom,' zegt hij en hij neemt me bij de hand.
Nog even kijk ik in de spiegel.
In een flits zie ik oma en opa op de bank zitten.
Ik knipper even met mijn ogen,
er staat helemaal geen bank tegen de muur.
En oma en opa zijn niet hier,
want ze zijn allebei overleden.

2. De truc met de truck

Mama springt uit de cabine van de vrachtwagen.
'Polly, meisje, wat vind je van deze truck?'
Mama slaat met haar vlakke hand tegen de motorkap.
Ik trek mijn wenkbrauwen op en fluit.
'Wow, wat een beest!' zeg ik.
Mama knikt.
'Het is een tientonner,' zegt ze gewichtig.
Mama staat wijdbeens voor me.
Ze heeft een overall aan, om haar hoofd draagt ze een
doekje en om haar hals een sjaaltje.
Aan haar handen heeft ze werkhandschoenen.
Ze werpt de sleutels van de vrachtwagen naar papa.
'Bijhouden, schat!' roept ze.
'Polly en ik gaan beginnen met het
uitladen van de truck.'
Papa rinkelt met de sleutels.
'Ik ga binnen alvast koffie zetten!'
Mama glimlacht en geeft me een stootje
tegen mijn schouder.
'Au,' zeg ik zacht.
Mama kijkt me in de ogen.
'Gaat het een beetje, malle meid van me?'
Ik haal mijn schouders op.
Ze geeft me een zoen boven op mijn hoofd.
'Kom op Polly, we gaan ertegenaan.'

Ik knik en steek mijn handen in de lucht.
'Laat die dozen maar komen!'
Mama staat bij de laadklep van de vrachtauto.
Ze fronst haar voorhoofd.
'Hoe moet dit ding eigenlijk open?' fluistert ze.
Ik trek aan haar mouw.
'Je hebt de truck toch mee geladen.
Heb je niet goed opgelet hoe het moet dan?' zeg ik streng.
Mama haalt haar neus op en schudt haar hoofd.
'Ik was veel te zenuwachtig, denk ik.
Je krijgt niet elke dag de kans om met
zo'n vrachtwagen te rijden.'
Mama schopt met haar werkschoen
tegen de achterband van de vrachtwagen.
'Ik ga in de cabine op zoek naar het juiste
knopje,' zucht ze.
Ik blijf bij de laadklep staan en zie ineens
een doosje met een deksel aan de onderkant
van het laadruim.
Ik knip het deksel open en zie een rode,
een gele en een groene knop.
Ik kijk even achter de vrachtwagen
om te zien of er voldoende plaats is.
Dan duw ik op de groene knop en met een plof en
een sissend geluid gaat de laadklep open.
Zachtjes gaat hij naar beneden.
'Hé, wat gebeurt er?' roept mama.

12

Ze springt uit de cabine.
'Ongelooflijk!' roept ze, 'ik hoef er maar
aan te denken en het gebeurt vanzelf!'
Ik glimlach.
Mama legt haar hand op mijn schouder.
'Dat heb je weer fijn gefikst, Techno Polly.
Wat moesten we zonder jouw technisch inzicht
beginnen?'
Ik kijk trots naar mama.
'Wat zou je doen zonder mij, hè?'
Mama zegt niks en knipoogt naar me.
'Is die koffie al klaar?' schreeuwt ze door
de straat.

3. De traplift

De gang staat vol dozen en papa weet waar
ze heen moeten.
Er moeten dertien dozen naar de eerste verdieping.
Ik kijk naar de dozen en dan naar de trap.
Of eigenlijk naar oma's traplift, die opa liet
plaatsen toen het minder goed ging met haar.
Oma kon toen de trap niet meer op.
De traplift is een stoel die langs de muur
naar boven of naar beneden glijdt.

Papa komt de gang in met een kop koffie in
zijn hand.
Ik kijk naar hem en glimlach.
'Denk jij wat ik denk?' vraag ik hem.
Papa grinnikt.
'Breng je de dozen naar boven met oma's traplift?'
Ik knik.
'Hier staat dat de persoon op de stoel
90 kilogram mag wegen.'
Papa gromt.
'Ik wed dat je dan gemakkelijk drie dozen tegelijk
naar boven krijgt.'
'We doen het,' zeg ik beslist.
Papa en ik zetten drie dozen op oma's traplift.
Dan druk ik op de knop, maar er gebeurt niks.

Ik probeer het nog eens.

'Tja,' zegt papa, 'het is lang geleden dat oma's lift gebruikt werd.'

'Misschien is hij stuk?'

Mama komt de gang in.

'Gaan jullie oma's traplift gebruiken?' lacht ze, 'jullie zijn een stelletje luie donders.'

Mama schudt haar hoofd.

Ze neemt een doos en stapt de trap op.

'Wedden dat ik sneller werk dan oma's lift?'

Ik krab in mijn haar.

'Papa, waar is de zekeringkast?'

'Huh?' zegt papa.

'Wat bedoel je?'

Ik zucht.

'Laat maar, ik ga zelf wel op onderzoek uit.'

Mijn papa is een schat, maar hij begrijpt niks van techniek.

Het is een wonder dat hij koffie kan zetten.

Van hem heb ik zeker mijn technisch inzicht niet gekregen.

Maar opa's technisch vernuft is beroemd in de familie.

Daarom ging ik altijd graag met hem mee naar zijn werkplaats.

Ik heb mijn interesse in techniek vast van opa geërfd.

De zekeringkast hangt in de kelder.
'Zonder elektriciteit kan die stoel niet werken,'
zeg ik hardop tegen mezelf en ik druk de
zekering voor de gang in.
Boven me hoor ik gezoem.
'Help!' gilt papa, 'de lift is vanzelf vertrokken!'
Halverwege de trap trekt mama haar achterste in.
Oma's traplift zoeft haar voorbij.
'Polly's technisch vernuft weer,' zegt ze.

4. Balen

'Of ik goed geslapen heb?' geeuw ik,
'geen idee, mama.'
Mama knikt en kijkt weer in de krant.
'Dat is een goed teken,' zegt ze.
Papa komt uit de keuken met een pan gebakken eitjes.
'Mmm...' doe ik.
Papa tikt met zijn hand tegen mama's krant.
'Weg met die krant,' lacht hij, 'tijd voor een
stevig ontbijt!'
We zeggen niks aan tafel en kijken wat rond.
We kijken naar elkaar, het is best wel gek.
Een jaar geleden woonde opa nog hier
en een jaar daarvoor was oma er ook nog.
En nu wonen wij er: mama, papa en ik.
'Dit huis is wel heel groot voor ons drietjes,
vinden jullie niet?' zeg ik zacht.
Papa kijkt verbaasd.
'Dat is toch niet erg,' zegt hij.
'Dat is juist super,' zegt mama, 'veel plaats
om te spelen voor jou, toch?'
Ik haal mijn schouders op.
'Gelukkig wonen mijn vriendinnen Rosa en Marit
niet ver hier vandaan.
Ik denk dat ik ze straks een mail stuur, dan
kunnen ze komen spelen.'

Papa knikt.
'Goed idee, dan kunnen ze komen helpen.'
Ik trek mijn wenkbrauwen op.
'Helpen, waarmee dan?'
Mama steekt haar vinger op.
'Vandaag breken we de traplift af.'
Mijn adem stokt: 'Wat zeg je?
Oma's traplift is geweldig om mee te spelen!'
Papa schudt zijn hoofd.
'Het is geen gezicht, Polly,' zucht hij.
'Het rotding moet weg,' zegt mama,
'in dit huis wonen geen bejaarden meer.'
Ik sta op van tafel.
'Pffffffffffffffff!' doe ik.

۰ Ik baal.
Ik kijk door het kantelraam van mijn nieuwe kamer
naar de tuin waar opa's werkplaats staat.
Het is een witgekalkt huisje met rode strepen en met één
verdieping erop en een grijs puntdak.
Aan de achterkant kweekte opa vogeltjes.
Het was zijn grootste hobby.
De grote kooi kleeft tegen de gevel,
maar het vogelhok is nu leeg.
In zijn werkplaats kon opa ongestoord knutselen,
uitvindingen bedenken, bouwschema's tekenen,
dagdromen en praten met zijn vogeltjes.

19

En ook mij alles over vroeger vertellen
en van alles leren over techniek.

Ik denk aan de laatste keer dat ik er met opa was.
Ik mocht een oude radio uit elkaar halen
en moest alle onderdelen op een rijtje leggen.
Het waren er welgeteld zesenzeventig,
de rij met stukjes was vier meter lang!
Opa streelde mijn haar.
'En nu zetten we de radio weer in elkaar,' zei hij.
Ik dacht dat hij een grapje maakte,
maar niets was minder waar.
Een uur later klonk er muziek.
'Dit is Elvis!' gilde opa en hij danste
met zijn wandelstok door de werkplaats.
Ik kwam niet meer bij van het lachen.

'Opa's werkplaats wordt míjn plek,' zeg ik hardop.
Ik sluit mijn venster en spring op oma's traplift.
'Naar beneden, voor de laatste keer!'
Ik druk op de knop en glimlach.
'Voor de laatste keer hier in dit huis, tenminste.'
Ik wrijf mijn handen in elkaar.
Ik heb een steengoed plan met oma's traplift.

5. Mijn werkplaats

'Voorzichtig, voorzichtig, voorzichtig!' gilt papa
en hij houdt een hand voor zijn ogen.
Mama, Rosa, Marit en ik dragen oma's traplift
door de tuin.
'Naar opa's werkplaats ermee!' lach ik.
Mama gromt: 'Geen idee waarom je oma's lift
wilt houden.
Waarom dit ding niet naar de stortplaats kan,
begrijp ik niet.'
Rosa kijkt me met blinkende oogjes aan en
Marit legt een vinger op haar mond.
We zeggen niks, want ons plan moet nog even geheim
blijven.
Achter opa's werkplaats leggen we oma's lift neer.
Uitgeput ploffen we op de grond.
'Jullie zien eruit als rijpe tomaten,' lacht mama.
Het is dan ook verschrikkelijk warm.
De zon staat hoog en het is volop zomer.
Papa komt om de hoek van opa's werkplaats kijken.
'Iedereen een ijsje?'

6. Meiden met plannen

Mama en papa zoeken koelte in het huis.
Ik blijf met mijn vriendinnen tegen de gevel van opa's
werkplaats hangen.
'Ze hebben flink geholpen,' zegt Rosa.
'Ze hebben geen flauw idee,' zegt Marit.
'Ze hebben geen fantasie,' zeg ik.
We kijken naar oma's lift en dan naar de gevel van opa's
werkplaats.
We lachen luid.
'Dit wordt super!' gilt Rosa.
'Dit wordt lachen!' zegt Marit.
'We hebben werkmateriaal nodig,' zeg ik.

In opa's werkplaats vinden we wat we nodig hebben.
We leggen alles in een koffer:
een boormachine, schroeven, pluggen
en een kabel voor de elektriciteit.
Ik rommel in opa's oude kast
en vind onderin een stoffige doos.
'Kom eens kijken!' gil ik.
Voorzichtig haal ik het deksel van de doos.
'Uitvindingen,' roept Marit.
'Bouwschema's!' gilt Rosa.
'Sjjjjttt!' doe ik.

Met open mond kijken we naar de inhoud van opa's
doos.
'Die ontwerpen heeft je opa zelf getekend,'
fluistert Marit, 'kijk maar.
Zijn naam staat er telkens onder.'
Rosa tikt met haar vingers op een oud plan.
'1972!' zeg ik, 'dit ontwerp is, eh,
ongeveer vijfendertig jaar oud!'
Marit kijkt ernstig.
'Waarvoor dient het?' zegt ze.
'Het lijkt wel een of andere machine,' zegt Rosa.
Ik zeg niks.
Ik zoek later wel uit waar die plannen voor dienen,
daar hebben Rosa en Marit even niets mee te maken.
Tussen de stapel papieren vind ik iets wat we wél
meteen kunnen gebruiken.
Ik zwaai met een groot blad.
Marit en Rosa zetten grote ogen op.
'De bouwschema's van oma's traplift!' lacht Rosa.

7. Aan de achterkant van opa's werkplaats

'Houd de ladder stevig vast!' gil ik naar Rosa.
Ik zet de boor tegen de muur.
Mijn tong steekt uit mijn mond.
Ik druk hard tegen de boor en druk de knop in.
Het geluid van de machine doet de duiven van buurman
Jan opschrikken.
Rood poeder van de stenen vliegt in het rond.
Vanuit het venstertje op de eerste verdieping
van opa's werkplaats kijkt Marit toe.
'Spannend!' roept ze.
Ik geef de machine aan Rosa.
'Geef me nu een plug aan,' beveel ik.
'Een wat?' vraagt ze.
'Zo'n klein rood, rond ding voor in de muur.'
'Van plastic?'
Ik knik.
'Daar draai ik de schroeven in vast.'
Rosa graait in de koffer.
'Ik geef je er meteen een hele hoop.'
Ik steek de pluggen in mijn achterzak.
'Marit, kun jij door het andere venster zien wat
mama en papa aan het doen zijn?'
Marit draait zich om en loopt naar het
andere venster.

'Je mama en papa hebben niks in de gaten,'
roept ze, 'ze schilderen hun slaapkamer.
De radio staat aan en ze zingen mee.'
Ik glimlach, wat is het toch fijn om zulke brave ouders
te hebben.

Even later hangt het eerste deel van oma's
traplift tegen de gevel.
Rosa en Marit kijken me glunderend aan.
'Zal oma's lift vlak voor het venstertje stoppen?'
vraagt Rosa.
'Dat is wel het plan in mijn hoofd!' zeg ik.

8. Een druk op de knop

Oma's traplift hangt tegen opa's werkplaats.
Rosa, Marit en ik staan tien meter verder in de tuin.
We kijken en zeggen niks.
Rosa knijpt in mijn arm, Marit geeft me een zoen.
Ik zucht: in mijn hand heb ik de afstandsbediening
van oma's lift.
Plechtig houd ik het ding in de hoogte.
'Zullen we?' vraag ik.
De meisjes knikken zo hard dat hun hoofden
er bijna afvallen.
'Klaar voor de eerste proefrit?' zeg ik.
Marit telt af.
'Drie, twee, één, start!' gilt ze.
Ik sluit mijn ogen en druk op de knop.
Met een schokje vertrekt oma's lift.
Langzaam glijdt hij langs opa's werkplaats omhoog.
Dan gaat hij de hoek om, we lopen hem achterna.
'Het gaat goed!' roept Rosa.
'Het gaat fantastisch!' lacht Marit.
'Het gaat zo traag,' zeg ik.

Even later staat de lift weer beneden.
'En nu een proefrit met een echt mens,' zeg ik.
'Wie mag het eerst?' vraagt Rosa.
'De stoel kan negentig kilo dragen,' zegt Marit.

'Dan kunnen we er alle drie tegelijk op!'
juicht Rosa.
Ik ben dol op mijn vriendinnen.

Aan de andere kant van de tuin staat papa
in huis voor het raam.
Hij rust even uit met de kwast in zijn ene hand,
een kop koffie in de andere.
Hij neemt een slokje, maar dan verslikt hij zich.
Mama slaat hem op zijn rug.
'Gaat het een beetje, jongen?' vraagt ze.
Papa hapt naar adem en wijst met de verfkwast naar
opa's werkplaats.
Daar glijdt op dat moment de lift tot vlak bij het venster.
Mama zet grote ogen op.
'Oh, mijn god!' zucht ze en ze steekt haar kwast in papa's
kop koffie.

9. Sneller, graag

'Het móet sneller kunnen,' droom ik hardop.
Minstens zo snel als Jimmy op zijn fiets kan rijden.
Stiekem vind ik Jimmy heel leuk, maar dat hoeft
niemand te weten.
Rosa haalt haar schouders op: 'Waarom, Polly?'
Ik pak de handleiding van oma's lift.
'Gewoon, daarom.'
'Sneller is leuker,' weet Marit.
Ik bestudeer de technische schema's en tik dan met mijn
vinger op het papier.
'Hier staat iets over de regeling van de elektriciteit,'
zeg ik.
'Geef me een schroevendraaier en een tang,'
zeg ik tegen Rosa.
'Marit, zet de stroom uit.
Ik verwijder de knop voor de veiligheid,
dan gaat hij op volle kracht.'

Even later heb ik de klus geklaard.
'Zet de stroom maar weer aan!' lach ik.
'Wie wil de stoel nu testen?' vraag ik.
Rosa en Marit wijzen eerst naar elkaar
en dan naar mij.
'Euh, ik durf niet,' zegt Marit.
'En ik ook niet,' zegt Rosa.

Ik zeg niks.

Mijn ogen speuren de tuin af en die van de buren.

Vlak boven de haag staat een tuinkabouter.

Ik wijs naar zijn rode puntmuts.

Rosa en Marit schudden hun hoofd en tikken tegen hun voorhoofd.

'Polly, je bent gek,' zegt Rosa.

Ik trek me er niks van aan.

Even later staat de kabouter op de stoel.

'Klaar voor een proefrit?' vraag ik.

De kabouter zeg niks.

'Zwijgen is toestemmen!' lach ik.

'Rosa, druk op de startknop!'

Met een klik komt de lift in beweging.

Halverwege maakt hij meer snelheid.

De lift vliegt zo snel de hoek om dat de kabouter er bijna afvalt.

We rennen met de lift mee.

Die suist met een vaart naar de eerste verdieping.

Dan stopt de lift bruusk.

De kabouter suist door de tuin en ploft vijf meter verder neer.

Zijn puntmuts steekt in het gras en zijn achterste in de lucht.

Rosa, Marit en ik liggen op de grond.

We hikken van het lachen.

'Pas op voor de vliegende kabouter!' giert Rosa.

'Gelukkig namen we geen bloempot,' lacht Marit.
'Of de hond van de andere buren,' zeg ik.
Een eind verderop komt papa naar buiten
met een groot pak en een pomp.
'Zal ik het zwembadje opblazen?' roept hij.
Ik knik.
'Zie je die kabouter, papa?'
Papa kijkt verbaasd naar de plastic dwerg.
'Euh, ja,' zegt hij stil.
'Zet het daar maar neer,' zeg ik.

10. Schietstoel

Het water van het zwembad schittert in de zon.
'Duikbril op?' vraagt Rosa.
Ik knik.
'Zwembandjes om?' vraagt Marit.
Ik knik.
'Kniebeschermers aan?' vraagt papa.
Ik knik.
'Klaar voor de start?' vraagt mama.
Ik knik.
'Zijn jullie gek geworden?' roept de buurman.
We knikken allemaal.
'Druk op de knop,' sis ik.
De lift vertrekt, bij de hoek maakt hij meer snelheid.
Ik houd me stevig vast in de bocht.
De lift gaat steeds hoger en sneller,
maar dan stopt hij ineens.
Ik vlieg door de tuin en land als een bom in het
zwembad.
'Hoera!' roept mama.
'Fantastisch!' zegt papa.
'Nu ik!' roept Rosa.
'En dan ik!' gilt Marit.
'Mijn duiven!' gromt buurman Jan.

11. Nacht

Het is warm, ik zweet als een rund.
Klaarwakker lig ik in bed.
'Nog even en ik drijf hier weg,' zeg ik.
Ik denk aan de ventilator in opa's werkplaats.
Zou het ding nog werken?
Ik hoop stiekem van niet, want dan kan ik hem
repareren.
En dan kan ik hem ook aansluiten op mijn
afstandsbediening.
Ik geef een zoen op het kleine doosje.
Ik kan nu al vanuit bed het licht aandoen en het gordijn
sluiten en met een andere knop knip ik de tv aan.
Die is verbonden met twee camera's.
Eén camera is gericht op de tuin, de andere op de gang.
Zo weet ik of er iemand naar boven komt
en of er iemand in opa's werkplaats komt.
Ik druk op de knop van het gordijn en stap uit bed.
Ik slof naar het venster.
Mijn armen rusten op de vensterbank en mijn neus drukt
tegen de ruit.
De maan schijnt en de tuin is lichtblauw.
De werkplaats is een donkere vlek in de tuin.
De tuinkabouter van Jan staat weer op zijn plek.
Hij kijkt me streng aan.
Ik steek mijn tong uit.

Ik denk aan oma's traplift en aan mama
die gillend het zwembad indook.
Ik glimlach, papa had gelijk.
Het wordt fijn wonen in opa's en oma's huis.
Soms vraag ik me af of ze ons kunnen zien,
vanuit de hemel of zo.
En of ze het goed vinden wat we met hun huis doen.

Ik zucht en krab in mijn haar.
Slapen zal vannacht niet lukken.
Mijn hoofd is te wakker en mijn lijf is te warm.
Ik kijk op mijn tv-scherm.
Het is rustig op de gang.
Papa en mama slapen al lang.
Waar is mijn zaklamp?

12. Plannen in het donker

Ik trippel op mijn blote voeten door het gras.
Het voelt nat aan en dat vind ik leuk.
Vlak bij opa's werkplaats knip ik de zaklamp aan.
De deur klemt een beetje.
'Jij krijgt morgen een likje olie,' zeg ik.
Ik voel met mijn handen in de lucht.
Ergens moet het touwtje hangen.
Het touwtje om het licht aan te doen.
Even later baadt opa's werkplaats in een zee van licht.
Ik knipper met mijn ogen.
Ik stap naar opa's werkbank.
De muur hangt vol gereedschap,
alles hangt keurig van klein naar groot.
Ik denk aan hoe opa me alle namen leerde.
Schroevendraaiers, dopsleutels, knijptang,
Engelse sleutels, beitels, figuurzaag!
Opa en ik oefenden elke keer als ik op bezoek kwam.
Telkens als ik een werktuig de juiste naam gaf,
kreeg ik een dropje.
Oma vond het maar niks.
'Je verwent haar, Wannes!' zei ze.
Ik leg mijn hand op opa's klauwhamer.
'Opa en oma, jullie zijn hier nog altijd,'
zeg ik zacht.
Ik stap naar de kast met de bouwschema's.

De doos staat nog open.

Ik gris heel de stapel eruit.

'En nu naar opa's leesplek,' fluister ik.

De trap naar de eerste verdieping van opa's werkplaats kraakt.

Mijn tenen krullen om elke trede.

Ik klem de plannen tegen mijn buik.

Pas boven vouw ik alle schema's open.

Dan doe ik een stapje achteruit.

'Vreemd toch,' zeg ik, 'opa zette onder elk schema zijn naam.

Waarom deed je dat?' vraag ik hardop.

Ik buig voorover en bekijk elk schema apart.

Op geen enkel blad staat een titel!

'Wat wilde je maken, opa?

Was dit misschien allemaal geheim?'

Het blijft muisstil in opa's werkplaats.

Ik verwacht ook niet dat iemand antwoord geeft.

Ik neem de hoge kruk, ga zitten en zucht diep.

Horen de schema's bij elkaar?

Ik frons mijn voorhoofd.

Dan houd ik mijn adem in.

Het lijkt of ik buiten geritsel hoor.

Ik hoor een klik en dan gezoem.

Het is oma's traplift ...

Iemand zet hem op halve kracht in beweging!

Ik verstijf op mijn kruk en hoor hoe de lift
de hoek van opa's werkplaats om gaat.
Nog even en er verschijnt iemand op de stoel voor het
venster!
Ik duik onder opa's tafel.
De lift vertraagt en stopt.
Dan zie ik de lantaarn en naast de lantaarn zie ik een
gezicht.
Het is het gezicht van een man, een man die ik ken.
HET IS BUURMAN JAN!
Op dat moment kijken zijn ogen recht in de mijne.
Ik gil.
Buurman Jan ook.
Van schrik tuimelt hij van oma's traplift.
Ik hol de trap af en opa's werkplaats uit.
'Buurman Jan?' roep ik, 'buurman?'
Ik zie en hoor eerst niks.
Dan hoor ik zacht gejammer in de struiken.
In het bleke maanlicht zie ik twee blote benen
op de grond liggen.
'Polly?' kreunt buurman Jan, 'help me.'
'Buurman, gaat het een beetje?
Wat deed je op oma's traplift?'
Buurman Jan kreunt:
'Ik wilde weten wie er in je opa's werkplaats zat.'
Ik trek buurman Jan overeind zodat hij kan zitten.
Hij jammert van de pijn.

'Polly, Polly, Polly toch.
Je bent net je opa,' kreunt hij,
'die ging 's nachts ook aan het werk.'
Buurman Jan kijkt me in de ogen en dan lacht hij.
'Even dacht ik dat je opa terug was.'
Buurman Jan wuift met zijn hand:
'Stom van me, ik weet het.'
Ik wil Jan omhoog helpen,
maar hij schudt zijn hoofd.
'Laat me maar even zitten, Polly.
Opstaan zal niet lukken.'
Buurman Jan zucht diep.
'Ik heb mijn been gebroken, denk ik.'

13. 's Ochtends

'De ziekenwagen was hier snel vannacht,'
geeuwt mama.
'Dat was maar goed ook,' knik ik.
'Buurman Jan voelde zich echt niet lekker.'
Papa stapt de keuken binnen.
'Jan is al weer thuis, hoor.
Hij zit in een rolstoel op het terras.'
Ik kijk naar mama en papa.
'Gaan we hem een bezoekje brengen?'
Mama knikt: 'Goed idee.
We nemen een doos sigaren mee.'
Papa kijkt me lachend aan.
'Als Jan zich maar weer niet rot schrikt
als hij je ziet.'

Het been van Jan wijst recht vooruit.
Hij zit van voet tot lies in het gips.
'Het is me wat,' jammert hij,
'ik ben veel te nieuwsgierig hè?'
Mama en papa lachen en geven hem de sigaren.
'Als troost,' zegt mama.
Jan kijkt haar dankbaar aan.
'Maar wie gaat er nu voor mijn duiven zorgen?'
Papa voelt eens aan het gips.

'Als ik mijn naam op je been mag schrijven,
zorg ik voor je duiven.'
Buurman Jan lacht,
maar dan grijpt hij naar zijn pijnlijke been.
'Au!
Lachen is gezond, maar het doet wel pijn!'
Mama en papa gaan samen naar de duiventil.
Jan heeft uitgelegd hoe ze de beestjes moeten verzorgen.
Ik blijf bij Jan in het zonnetje zitten.
Mijn benen wiebelen onder de stoel heen en weer.
'Zo,' zegt Jan.
'Zozo,' zeg ik.
'Hier zitten we dan,' grinnikt hij.
'Uhuh,' doe ik.
Jan kucht even en schraapt dan zijn keel.
Hij buigt zich naar me toe en zet zijn hand tegen mijn
oor.
'Psst,' doet hij.
Zijn wenkbrauwen wippen op en neer.
'Wat deed je vannacht in de werkplaats?'
Ik haal mijn schouders op.
'Waarom wil je dat weten?'
Jan zwijgt.
Ik ook.

Even lijkt het of de buurman iets wil zeggen,
maar dan houdt hij zijn adem in.

Mama en papa komen onze kant op.
'Die beestjes zullen niet van honger
en dorst omkomen,' lacht mama.
'We hebben ze goed verzorgd,' zegt papa.
Jan knikt: 'Bedankt, lieve mensen.'
Mama geeft papa een hand.
'We gaan maar weer eens,' zegt mama.
'Houd je taai, Jan!' grapt papa.
Als ik opsta, grijpt Jan mijn arm.
Zijn blauwe ogen priemen in de mijne.
Hij trekt me tot vlak bij hem.
'Ik weet waar die bouwschema's voor dienen,'
sist hij.
'Je opa had een machine ontworpen.'
Mama en papa draaien zich om.
'Kom je, Polly?' vraagt mama.
Ik knik.
Jan stopt een briefje in mijn hand.
'Straks lezen,' fluistert hij.

14. Briefgeheim

Rosa en Marit kijken me vragend aan.
Ze zitten voor me, op de grond van opa's werkplaats.
'Jan weet waar opa's bouwschema's voor dienen.
Ik kreeg dit briefje van hem.'
Langzaam rol ik het papiertje open.
Rosa en Marit kruipen dichterbij
en over mijn schouder lezen ze mee.
'Geel en zacht, zeker 108,' fluistert Marit.
'Wat een vreemde boodschap,' zegt Rosa.
'Ik begrijp er niks van,' zegt Marit.
'De boodschap is al even vreemd als de plannen,'
zeg ik.
Rosa springt op.
'We gaan hem gewoon om meer uitleg vragen,'
zegt ze stoer.
Marit lacht.
'Zo simpel is het.'
Ik haal mijn schouders op.
'Ik weet niet of dat zal lukken.
Opa en hij waren dikke vrienden en ik vraag me af
of hij hun geheim wil verklappen.'
Rosa blaast.
'Waarom geeft hij je anders dit briefje?
Hij wil dat je ontdekt waar het om gaat!'
Marit doet de deur open: 'Gaan we?'

Buurman Jan kijkt op en zet zijn leesbrilletje af.
'Zo,' zegt hij.
'Zozo,' zeg ik.
'Vertel je het geheim?' vraagt Rosa op de man af.
'Alsjeblieft?' vraagt Marit.
Jan kijkt ernstig naar me en bijt dan op het pootje
van zijn bril.
'Krab eerst maar eens aan mijn grote teen,
ik kan er niet bij,' zegt hij.
Rosa en Marit doen een stapje achteruit.
'Yuk,' zeg ik.
Buurman Jan lacht: 'Grapje.'
Hij sluit zijn ogen.
'Het geheim van de plannen ...' zegt hij.
Rosa, Marit en ik spitsen onze oren.
'... kan ik jullie NIET verklappen,' zucht Jan.
'Wat flauw!' roept Marit en
Rosa stampt op de grond.
'Kom Polly, we gaan.'
Jan steekt zijn hand in de lucht.
'Laat me even uitspreken, meisjes.
Ik kan jullie wel helpen opa's machine te bouwen.'
Mijn ogen beginnen te blinken.
'Echt waar, Jan?'
Buurman knikt.
'Maar dan moet ik wel tot achter in de tuin
kunnen komen, tot bij je opa's werkplaats.

Pas dan kan ik je op weg helpen met de plannen.'
Buurman Jan tikt tegen zijn rolstoel.
'Maar dit ding gaat niet door het hoge gras.'
Ik kijk naar Rosa en Marit.
'Rijden jullie Jan tot op het terras?
Ik ga even iets halen.'
Vijf minuten later staat de grasmaaier naast Jan op het
terras.
Ik kijk naar een tuinstoel.
'Rosa, breng me de boormachine, een ijzeren staaf en
zes bouten.'
Rosa glimlacht.
'Komt in orde, chef!'
De tuinstoel past perfect boven op de grasmaaier.
Jan kijkt ongelovig naar me.
'Polly, je gaat toch niet ...'
Ik zeg niks, maar Marit lacht luid.
'Polly krijgt je wel achter in de tuin.'
'En terug ook,' gniffel ik.
Ik boor vier gaten in de bovenkant van de grasmaaier.
De poten van de tuinstoel zet ik er met bouten
op vast, de staaf verbind ik met de gashendel.
Een kwartier later is de grasmobiel klaar.
Jan schudt zijn hoofd.
'Bel de ziekenwagen maar vast opnieuw,' zegt hij.

'Yeeehaa!' joelt buurman Jan.

Hij crost door de tuin.
'En mijn gras wordt meteen gemaaid!'
Mama en papa kijken over de haag toe.
'Kijk uit voor je vijvertje!' gilt papa,
maar buurman Jan hoort het niet.
Rakelings scheert hij langs de eenden
en hij onthoofdt elke molshoop.
Rosa, Marit en ik wachten achter in de tuin.
Rosa zucht.
Marit kijkt op haar horloge.
'Als hij stopt met spelen, komt hij hier wel naartoe,'
zeg ik.

15. De machine

'Je bent net je opa,
die ging 's nachts ook aan het werk.'
'Jan had gelijk,' zeg ik stil.
Ik ben in de werkplaats en het is nacht.
De bouwschema's heb ik inmiddels aan de muur
gehangen.
Ik wrijf in mijn handen.
Er wordt op de deur geklopt.
Het zijn Rosa en Marit.
'Hoi Polly,' geeuwen ze.
Ik glimlach.
'Net op tijd,' zeg ik.
'Steek je de stekker van dat toestel erin?'
Rosa kijkt me vragend aan.
'We gaan lassen,' zeg ik stoer.
Ik geef mijn vriendinnen een lasbril.
Door het donkere glas kunnen ze bijna niks zien.
Ze zien er grappig uit, zo in hun pyjama.
Een blauwe vlam spuit uit het apparaat.
Rosa en Marit helpen me een ijzeren frame te lassen.
'Waarvoor dient het, Polly?' vraagt Marit.
'Geen idee,' zeg ik.
'Maar het staat zo op het schema
en zo legde buurman Jan het me uit.'
Na het laswerk moeten we vier houten platen zagen.

50

We tekenen heel nauwkeurig de hoeken.

De elektrische zaag maakt veel lawaai.

Rosa en Marit stoppen hun vingers in hun oren.

Zaagsel vliegt als bloem in het rond.

Als de zaag stopt, horen we een ander geluid.

'Dat lijkt wel ... een grasmaaier!' lacht Rosa.

Marit doet de deur open en buurman Jan komt naar binnen rijden.

Jan ziet er vreemd uit, want hij heeft zijn kunstgebit niet in.

'Wat een herrie maken jullie!' lispelt hij.

'Ik kan niet slapen van jullie lawaai.

Lukt het een beetje?'

Ik laat hem zien wat we al gemaakt hebben.

'Wow,' zegt hij, 'morgen breng ik jullie de rest van het materiaal.'

'Ga je ons dan vertellen wat het wordt?'

vraagt Marit.

Jan zegt niks en zet zijn grasmobiel weer aan.

'Ik moet er vandoor, toedeloe!'

Buurman scheurt de nacht in.

16. 108

Twee dagen en twee nachten later is de machine klaar.
Hij lijkt op een grote, houten koffer.
Langs de zijkanten zie je vier buizen en vooraan zit een
venster.
Naast het venster zitten wijzers en meters.
'Is het een oven?' gokt papa.
'Is het een zonnebank voor konijnen?' lacht mama.
'Het is een vierkante raket!' lacht Rosa.
'Het is een toestel om jong te blijven!'
zegt Marit.
'Het is een opa-machine,' zeg ik zacht.

Buurman Jan rijdt naar binnen.
Hij kijkt mij met blinkende oogjes aan.
'Polly, Polly, Polly toch ... het is je gelukt.'
We kijken allemaal naar Jan.
Hij slikt.
'Je opa zou heel trots op je zijn.'
Ik wip van het ene been op het andere.
'Ga je ons dan NU vertellen wat het is?' vraag ik.
Jan schudt zijn hoofd.
'Je zult het vanzelf wel merken.
Ga allemaal naar buiten en doe de deur achter je dicht.'
Even later staan we in de tuin.
Ik hol naar het venster met Rosa en Marit.

We zien hoe Jan een doos op schoot neemt.

'BREEKBAAR' staat erop.

We zien hoe Jan telkens iets in de machine zet.

Het duurt een hele poos.

Eindelijk doet Jan de doos dicht.

Hij drukt op een knop van de machine en rijdt naar buiten.

'En?' vraag ik.

Jan glimlacht.

'Nu is het wachten,' zegt hij.

'Hoe lang?' vraag ik.

'Drie weken,' zegt hij.

'En in die tijd mag niemand opa's werkplaats in.'

Ik rol met mijn ogen.

'Zo lang?'

Drie lange weken later is het zover.

Rosa, Marit en ik zien scheel van de spanning.

'Dit is beter dan Sinterklaas en de Kerstman samen,' lacht mama.

Buurman Jan opent de deur van opa's werkplaats.

De vloer van de werkplaats ziet er knalgeel uit.

107 kuikentjes trippelen er rond.

'Het is gelukt!' roept Jan.

'Opa's broedmachine werkt!'

Ik wijs naar een buis aan de zijkant van de machine.

Er kruipt een laatste kuikentje uit.

'Dat is nummer 108,' zeg ik.

De buik van Jan schokt van het lachen.

'Au, mijn been,' kreunt hij.

Ik pluk een kuikentje van de grond.

'Deze noem ik Wannes,' zeg ik zacht.

Ik geef het kuikentje een zoen.

Polly houdt van techniek en snelheid. Daarom bewondert ze Jimmy (zie pagina 29), die op zijn gewone fiets enorm hard kan rijden. Hij wil graag een wielerwedstrijd winnen. Of dat lukt? Dat lees je in 'De laatste bocht'.

In deze serie zijn de volgende Bikkels verschenen:

Techno Polly
De laatste bocht
De ketting van één miljoen
Circus Harlekijn
Tijmen, de tijdreiziger
Dat gaat naar Den Bosch toe
Plankenkoorts
Dóórlopen, Jodi!

De Nederlandse
Kinderjury
2009

1e druk 2008

ISBN 978.90.276.7306.0
NUR 282

© 2008 Tekst: Wouter Kersbergen
Illustraties: An Candaele
Vormgeving: Rob Galema
Uitgeverij Zwijsen B.V., Tilburg

Voor België:
Zwijsen-Infoboek, Meerhout
D/2008/1919/124